MW01712215

CONOZCA BIEN A SU BEBÉ

CLAIRE LERNER y
AMY LAURA DOMBRO

ZERO TO THREE®
National Center for Infants, Toddlers, and Families

Washington, DC

Introducción

Criar a un niño significa tomar decisiones: ¿Puedo dejar que mi bebé llore? ¿Durante cuánto tiempo? ¿Qué tipo de disciplina debo usar? La lista es interminable.

Este folleto le ayudará a tomar buenas decisiones ayudándolo a:

- Comprender a su hijo, quien es incomparable. ¿Cuál es su temperamento?
- Saber en qué se parecen y se diferencian usted y su hijo
- Hacer uso de lo que sabe acerca de usted mismo y de su hijo para ayudarlo a desarrollarse sanamente

Conozca a su hijo

Cada niño nace con lo que se denomina *temperamento*. Por ejemplo, un niño no tiene problema alguno para jugar con otros niños. Otro niño puede ser tímido y necesita tiempo y ayuda de los adultos para sentirse cómodo y participar en el juego.

Si comprende el temperamento de su hijo podrá comprender su comportamiento. Si comprende el comportamiento de su hijo, podrá ayudarlo a responder en formas que le permitirán aprender y desarrollarse.

¿Cuál es el temperamento de su hijo?

A continuación se enumeran cinco factores a los que debe prestar atención para comprender el temperamento de su hijo:

1. Nivel de intensidad
2. Nivel de actividad
3. Nivel de frustración
4. Reacción ante nuevas personas
5. Reacción ante los cambios

Nivel de intensidad: ¿Cómo reacciona su hijo? Un bebé lloriquea cuando está enojado. Otra bebé grita fuerte cuando está enojada. Un niño se siente muy molesto por las luces y los sonidos fuertes de una sirena de bomberos, mientras que otro niño parece apenas notarlo. La mayoría de los niños está en un punto intermedio.

Piense en la intensidad con la que reacciona su hijo:

- Por lo general, ¿cómo reacciona su hijo ante lo que ve, escucha, toca, huele y saborea?
- ¿Expresa su hijo sus sentimientos con una intensidad fuerte, media o baja?
- ¿Con qué frecuencia tiene que calmar a su hijo? ¿Cuánta ayuda necesita su hijo para tranquilizarse?

¿Cómo clasificaría el nivel de intensidad de su hijo?

Nivel de intensidad de su hijo	
1 . . . . 2 . . . . 3 . . . . 4 5	
Menos intenso	Más intenso

Formas de apoyar a su hijo:

A un niño menos intenso:

- Deje que su hijo le indique qué le interesa. Preste atención a lo que le emociona.
- Juegue con su hijo. Juegue a "ahora te toca a ti—ahora me toca a mi" en el que se turna con él.

A un niño más intenso:

- Demuéstrele que entiende sus sentimientos,
- Manténgase tranquilo cuando su hijo pierde el control.
- Ayúdele a aprender a calmarse.

Nivel de actividad: ¿Cuán activo es su hijo? Algunos niños parecen no detenerse nunca. A algunos les gusta jugar y explorar mirando y usando sus manos en vez de todo su cuerpo. La mayoría de los niños está en un punto intermedio.

Piense en el nivel de actividad de su hijo:

- ¿Cuáles son las actividades favoritas de su hijo?
- ¿Con qué frecuencia debe decirle "cálmate" o "tranquilízate"?
- ¿Cómo responde su hijo cuando le restringe sus movimientos, por ejemplo, cuando le dice que no gatee sobre el piso del supermercado?

¿Cómo clasificaría el nivel de actividad de su hijo?

Nivel de actividad de su hijo

1 . . . . 2 . . . . 3 . . . . 4 5

Menos activo — Más activo

Formas de apoyar a su hijo:

A un niño menos activo:

- Bríndele muchas oportunidades de jugar con las cosas que disfruta tales como los libros, rompecabezas y bloques.
- Estimúlele el juego activo. Pídale que actúe el cuento cuando lean juntos. ¡Escuchen música y bailen!

A un niño más activo:

- Ofrézcale muchas oportunidades para un juego seguro y activo.
- Adáptese. Permítale moverse o estirarse mientras le lee el cuento. Deje que empuje su cochecito al parque.

Nivel de frustración:

Marilyn Nolt

¿De qué manera controla su hijo la frustración, como por ejemplo cuando una pieza del rompecabezas no encaja o no se puede poner un guante? Algunos niños pueden tolerar mucha frustración. Algunos se frustran muy fácilmente. La mayoría de los niños está en un punto intermedio.

Piense en la facilidad con la que su hijo se frustra:

- ¿Con qué frecuencia se frustra su hijo? ¿Con mucha frecuencia? ¿Rara vez? ¿A veces?
- ¿Hay veces en las que se frustra más fácilmente, como cuando está cansado o cuando ha tenido un día muy activo?

¿Cómo clasificaría la forma en la que su hijo responde a la frustración?

Nivel de frustración de su hijo	
1 . . . . 2 . . . . 3 . . . . 4 5	
Se frustra con facilidad	Sigue haciendo un esfuerzo

Formas de apoyar a su hijo:

A un niño que se frustra con facilidad:

- Demuéstrele que entiende su frustración. "¡Te sientes tan frustrado porque el oso no deja de caerse! ¡Ay, qué oso tonto! Tener buen sentido del humor puede ser útil.
- Sea el entrenador de su hijo. Ayúdele a resolver el problema.
- Déle un buen ejemplo. Cuando usted enfrente un problema, mantenga la calma.

A un niño que sigue haciendo un esfuerzo:

- Ofrézcale nuevos retos.
- Hágale saber que puede pedir ayuda. Todos necesitamos ayuda de vez en cuando.

Reacción ante nuevas personas: ¿Cómo reacciona su hijo cuando conoce a alguien por primera vez? A algunos niños les encanta conocer nuevas personas. Algunos son tímidos e incluso temerosos. La mayoría de los niños están en un punto intermedio.

Piense cómo su hijo responde ante personas nuevas:

- En general, ¿cómo reacciona su hijo cuando conoce a alguien por primera vez?
- ¿Qué tipo de ayuda necesita generalmente cuando conoce a alguien por primera vez? ¿O no necesita ayuda?

¿Cómo clasificaría la forma en que su hijo responde cuando conoce a alguien por primera vez?

Nivel de acercamiento de su hijo hacia personas nuevas

1 . . . . 2 . . . . 3 . . . . 4 5

Tímido — Entusiasmado por conocer nuevas personas

Formas de apoyar a su hijo:

A los niños que demoran para entrar en confianza:

- Ayúdelo a sentirse seguro. Sosténgalo en sus brazos o sostenga su mano cuando conozca a personas nuevas. Manténgase cerca de su hijo hasta que se sienta contento con una persona nueva.

ZERO
TO
THREE®

National Center for Infants, Toddlers, and Families

CONOZCA BIEN A SU BEBÉ

Nacimiento a 12 meses: Su incomparable bebé

CUANDO SU HIJO . .	ES POSIBLE QUE SU HIJO QUIERA DECIR:	LO QUE PUEDE HACER:
. . . deja de llorar porque lo ve llegar.	Sé que puedo contar contigo cuando te necesito. Confío en tu amor. No temas malcriarme. Cuando obtengo lo que necesito y cuando lo necesito, me siento bien de mí mismo y de la gente que me rodea.	• Responda inmediatamente cuando llora. • Detecte diferencias en sus llantos y otras señales. ¿Está cansado? ¿Mojado? ¿Tiene hambre? ¿Está aburrido? ¿Se siente solo? ¿Sobrestimulado y quiere un descanso?
. . . llora, susurra, balbucea, se queja, sonríe, se frota los ojos, arquea la espalda, voltea la cabeza, abre mucho los ojos.	¡Obsérvame detenidamente! Me comunico a través de llantos, expresiones faciales y movimientos cuando tengo sueño, hambre, estoy mojado, asustado, aburrido, abrumado o interesado.	• Confíe en sus instintos cuando responda a su bebé. La respuesta de su bebé le indicará si atina o no. Si no es así, intente otra cosa.
. . . sonríe y responde con placer cuando le habla, canta o le lee.	Me encanta cuando hablamos o cantamos. Cuando veo lo divertidas que pueden ser las palabras me dan deseos de seguir "hablando" y aprendiendo.	• Pase mucho tiempo leyendo con su hijo. Déjelo escoger los libros y tocarlos o mirarlos de la manera que desee. • Hable sobre lo que están haciendo juntos.
. . . observa sus propias manos, le quita sus anteojos, le introduce los dedos en su nariz, intenta agarrar un juguete, jala el teléfono.	Estoy aprendiendo cómo es el mundo y todo lo que puedo hacer con mis propias manos. ¡Soy bastante sorprendente!	• Estimule su curiosidad al ofrecerle juguetes no peligrosos para que los explore. • Guíe las manos de su bebé con suavidad mientras le toca su rostro. • Comparta su emoción por los nuevos descubrimientos.
. . . rompe en llanto cuando llega a buscarlo a la guardería infantil.	Cuando te veo después de un largo día, me doy cuenta cuánto te he extrañado. Me reservo mis más intensos sentimientos para ti porque confío en ti. Siempre regresas.	• No se apresure en salir. Ayúdelo a terminar lo que estaba haciendo cuando usted llegó. • Establezca un ritual de "regreso a casa". Los rituales constituyen una manera reconfortante para facilitar los cambios.

- Demuestre sentimientos positivos hacia personas nuevas. Su hijo lo observa a usted para interpretar las señales sobre cómo responder.

A los niños entusiasmados por conocer nuevas personas:

- Déle muchas oportunidades para conocer a otras personas. Visite lugares de juego y la biblioteca.
- Ayúdelo a aprender a ser un buen amigo. Todos los niños a veces necesitan ayuda para aprender a compartir, para resolver una discusión o para decir "lo siento".

Reacción ante los cambios:

¿Cómo reacciona su hijo ante un cambio, tal como un nuevo salón de clases en la guardería infantil o incluso un cambio de asiento en la mesa del comedor? A algunos niños no les molesta para nada el cambio. Sin embargo, para otros el cambio es muy difícil. La mayoría de los niños está en un punto intermedio.

Piense en la forma en que su hijo controla el cambio:

- ¿Cómo reacciona su hijo ante un cambio?
- ¿Con qué facilidad pasa su hijo de una actividad a otra? Por ejemplo, cuando va del baño a la cama o del parque a su casa.

¿Cómo clasificaría la respuesta de su hijo ante el cambio?

Respuesta de su hijo ante el cambio	
1 . . . . 2 . . . . 3 . . . . 4 5	
No le gusta el cambio	Tranquilo con el cambio

Formas de apoyar a su hijo

A los niños a quienes les es difícil el cambio:

- Infórmele a su hijo de los cambios antes de que sucedan. "Una vez que terminemos este libro, debes ir a la cama". Hable sobre nuevas actividades por anticipado. Dígale quién estará ahí, cuándo irán y qué harán.
- Deje que su hijo lleve algo a lo que está acostumbrado cuando va a un lugar nuevo. Visitar al médico o ir a una nueva guardería infantil será menos difícil si su hijo puede sostener su cobija o su animal de peluche favorito.

A los niños que se sienten tranquilos con el cambio:

- Sea sensible a la conducta de su hijo. Algunos cambios pueden ser difíciles, incluso para los niños más extrovertidos.

Sepa en que se parecen y se diferencian usted y su hijo

Saber en que se parecen y diferencian usted y su hijo puede ayudarle a tomar buenas decisiones. La ayuda a distinguir entre lo que a usted le gusta y necesita y lo que a su hijo le gusta y necesita. Eso le permite respetar a su hijo y amarlo por lo que es. Le ayudará a su niño a crecer con confianza y a ser fuerte.

Utilice las siguientes escalas para ver en qué se parecen y se diferencian usted y su hijo. Para cada una de las características que se indican a continuación dibuje un círculo para demostrar en qué lugar de la escala se encuentra su hijo. Luego, ponga una X para mostrar en qué lugar se encuentra usted.

Por ejemplo:

Intensidad de la reacción:

1 . . . . 2 (X) . . . . 3 . . . . (4) 5

Apacible / relajado — Reacciona fuertemente

ESCALA DEL TEMPERAMENTO

Intensidad de la reacción:

1 . . . . 2 . . . . 3 . . . . 4 5

Menos intenso — Más intenso

Tolerancia ante la frustración:

1 . . . . 2 . . . . 3 . . . . 4 5

Se frustra con facilidad — Sigue haciendo un esfuerzo

Nivel de actividad:

1 . . . . 2 . . . . 3 . . . . 4 5

Menos activo — Más activo

Reacción ante personas nuevas:

1 . . . . 2 . . . . 3 . . . . 4 5

Tímido — Entusiasmado

Reacción ante los cambios:

1 . . . . 2 . . . . 3 . . . . 4 5

No le gusta el cambio — Tranquilo con el cambio

¿Qué opina?

¿En qué se parecen usted y su hijo? ¿Cómo le afecta esto a su relación?
¿En qué se diferencian usted y su hijo? ¿Cómo afecta esto a su relación?
¿Qué actividades que hacen juntos las disfrutan más? ¿Por qué?
¿Qué cualidades de su hijo ama usted? ¿Como padre, qué cualidades ama de sí mismo?

Recuerde que puede crear una relación sólida y afectiva con su hijo, ya sea si son muy similares o muy diferentes entre sí. La clave es simplemente respetar y saber en que se parecen y en que son diferentes. Esto le ayudará a su hijo a:

- sentirse querido e importante
- confiar en usted
- sentirse bien de sí mismo

Tomar buenas decisiones

Veamos de que manera los padres utilizan lo que saben acerca de su hijo y sobre ellos mismos para tomar buenas decisiones. En los siguientes ejemplos, observe como intentan respetar el temperamento de sus hijos y hacerlos sentirse bien de si mismos mientras les ayudan a aprender y a desarrollarse.

El juego de hacer cosquillas

Vea como un padre le muestra a su hija que puede confiar que él le presta atención.

Después de algunos minutos de haber jugado a las cosquillas, Cristina (4 meses) frunce el ceño, se voltea para otro lado y arquea su espalda. Su papá, Pedro, le hace más cosquillas para intentar contentarla nuevamente. Sin embargo, Cristina comienza a llorar y su padre deja de hacerle cosquillas.

Rápidamente, Cristina se tranquiliza y le sonríe. Pedro se dio cuenta que cuando Cristina volteó su cabeza y se alejó de él le estaba indicando que había sido demasiado y necesitaba una pausa. Él le canta una canción.

En el arenero

Vea como Gabriel no obliga a Teresa a ser extrovertida como lo es él. Él la apoya, la ayuda a que se sienta a gusto con otros niños.

Gabriel, a quien le encanta conocer nuevas personas, lleva a su hija Teresa (11 meses) al parque. Ella comienza a expresar incomodidad cuando un grupo de niños pequeños se une a ella en el arenero. Busca a Gabriel. Él la carga y la consuela.

Sin embargo, Gabriel hace algo más. Cuando Teresa se calma, la sienta en el arenero, pero se queda a su lado, hablándole y jugando con ella. Enseguida, Teresa se acerca más para observar a los otros niños.

El niño "alborotado"

Observe como estos padres utilizan lo que saben acerca de sus propio temperamento y el de su hijo activo para responder en formas que le permitan a su hijo sentirse bien de sí mismo y de sus habilidades de crecimiento:

Estela y Eduardo tienen un hijo de 22 meses llamado Roberto. Estela y Eduardo trabajan.

Eduardo no ayuda tanto en la casa como Estela quisiera. Roberto requiere mucha atención. Se entromete en todo. Desea hacer todo por sí solo, comer, servirse su leche, pasear al perro. Grita, golpea y tira objetos cuando se frustra por no poder hacer algo "¡solo!"

Estela se está volviendo loca. Ella se clasificó como "menos activa" en la escala de temperamento que presentamos anteriormente. A ella tampoco le gusta el cambio. Siente que su vida está al revés. Eduardo es más activo, se siente más tranquilo con los cambios. Considera que le es fácil tratar a Roberto.

Estela y Eduardo hablan sobre las similitudes y diferencias entre ellos y entre ellos y Roberto. Deciden que Eduardo pasará más tiempo con Roberto. Esto será bueno para la relación entre Eduardo y Roberto. Dará a Estela un descanso. También le ayudará a Eduardo a tener más energía y paciencia con Roberto.

- También buscarán formas para que Roberto juegue dentro de la casa de forma activa pero no peligrosa.

- Se asegurarán de que Roberto tenga algo de tiempo para jugar afuera todos los días.

Cuando nada da resultado

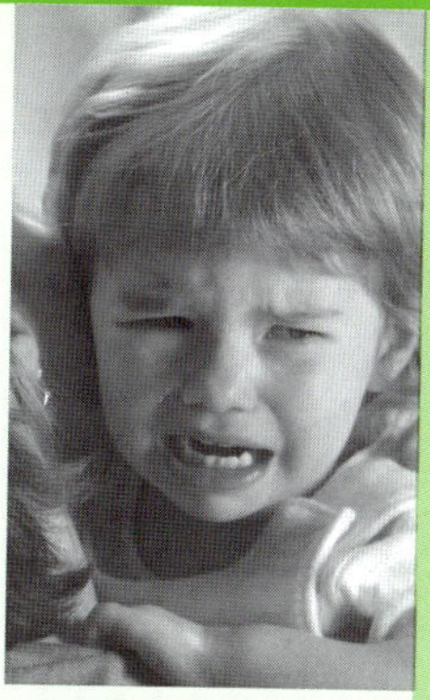

¡A veces, nada de lo que usted intenta da resultado! No puede lograr que el bebé deje de llorar aunque haga todos sus esfuerzos. No puede descubrir por qué su hijo no quiere ir a visitar a su mejor amigo. Nadie tiene todas las respuestas. Pero, si usted continúa intentando y no se da por vencido, le hará ver a su hijo que puede confiar en usted y que no está solo.

Para pensar...

Usted toma decisiones todos los días, algunas pequeñas, algunas importantes. Cuando intente hacer las mejores decisiones posibles, recuerde que ya bastante hace para apoyar el desarrollo de su hijo cuidándolo cariñosamente todos los días. ¡Diviértase! Comparta y disfrute los descubrimientos de su hijo. Salga a explorar la naturaleza. Abrácelo y acarícielo cuando se siente junto a él con una gran cantidad de buenos libros. Escuchen música y bailen juntos. Observe a su hijo y escúchelo. Intente ver el mundo a través de los ojos de su hijo. Y ame a su pequeñín tanto como pueda; algunos días pueden parecer largos, pero ¡esos primeros tres años transcurren muy rápido!

Apreciados padres de familia,

La crianza no es tarea fácil. Es totalmente normal
mada por el cuidado de su bebé al mismo tiempo
entenderle su comportamiento. ¿Se ha preguntado

- ¿Por qué mi niño se pone irritable en lugares
mucha gente, como cuando estamos en el su
- ¿Por qué llora cuando ve a personas extrañas
- ¿Por qué es más activo que mi primer hijo?

Nuestras autoras les invitan a leer este folleto y descubrir por ustedes mismos el temperamento de su bebé a fin de estimular su desarrollo y su curiosidad por aprender acerca del mundo que lo rodea.

Publicado por:

ZERO TO THREE®
National Center for Infants, Toddlers, and Families

2000 M St., NW, Ste. 200
Washington, DC 20036-3307

Impreso en los Estados Unidos de América

Escritoras: Claire Lerner, LCSW-C y Amy Laura Dombro, MS

Traducción al español: Language Innovations y
Victoria Prieto, MA, EdS, ZERO TO THREE

Director Ejecutivo: Matthew E. Melmed, JD

Diseño: Metze Publication Design

Generosamente patrocinado por
Doris Duke Charitable Foundation

Este folleto y otros recursos de ZERO TO THREE están disponibles en www.zerotothree.org/spanish o llamando al (800) 899-4301

ISBN 978-1-934019-10-8
90000
9 781934 019108